A

Apple

pple

ple

le

e

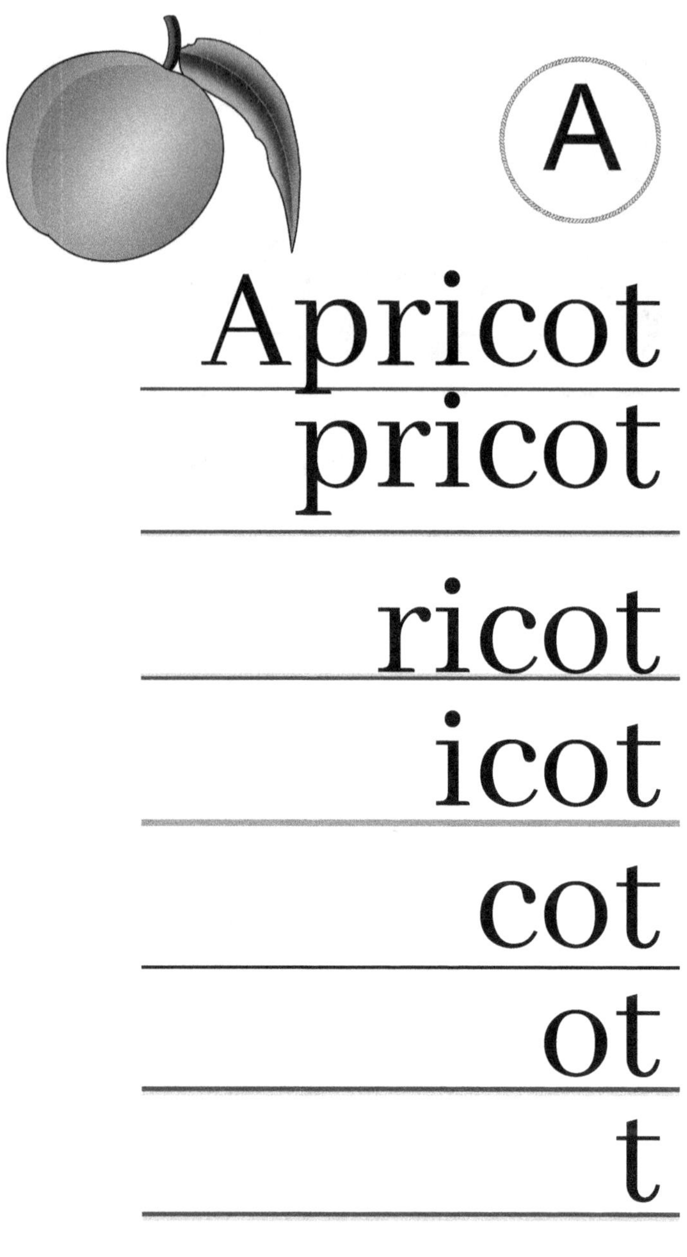
A
Apricot
pricot
ricot
icot
cot
ot
t

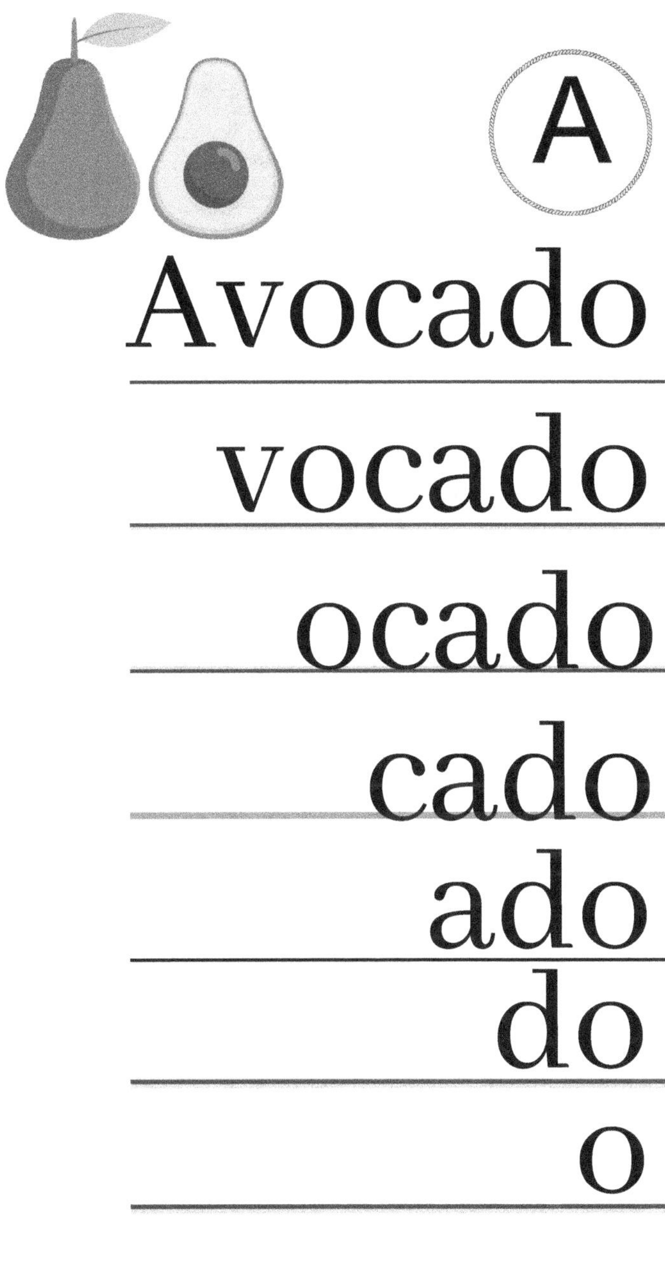
A
Avocado
vocado
ocado
cado
ado
do
o

B

banana

anana

nana

ana

na

a

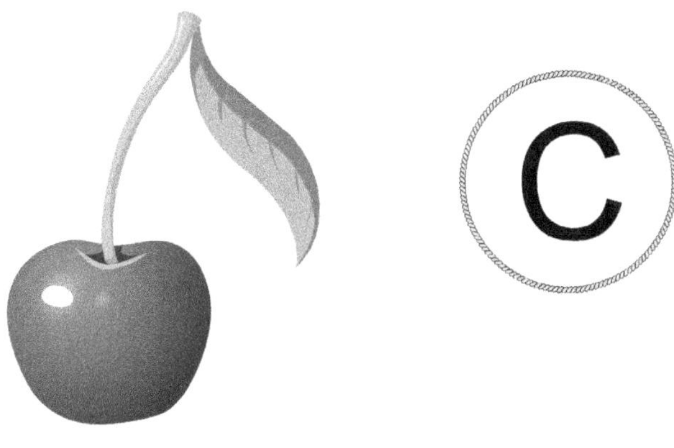

cherry

herry

erry

rry

ry

y

D

dragon

ragon

agon

gon

on

n

F

fig

ig

g

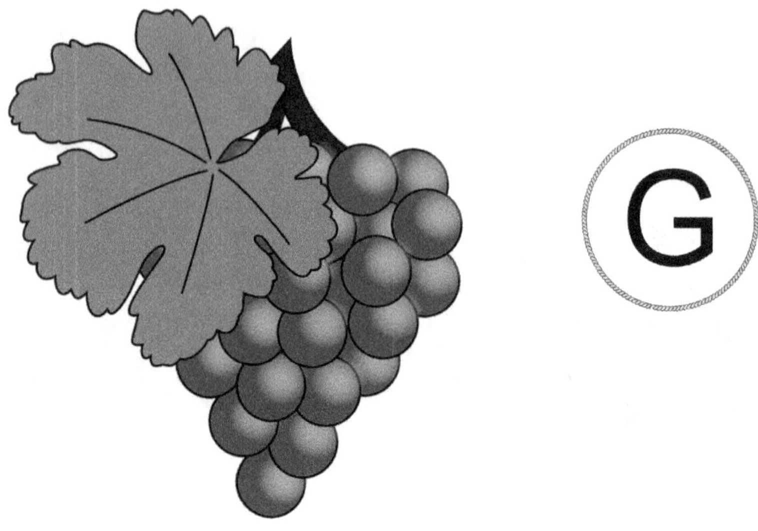

grape

rape

ape

pe

e

Lemon

emon

mon

on

n

M

Mango

ango

ngo

go

o

o

orange

range

ange

nge

ge

e

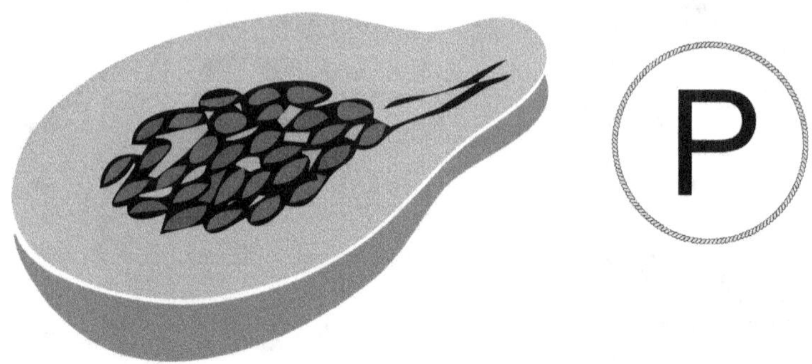

papaya

apaya

paya

aya

ya

a

Pear

ear

ar

r

B
beet
eet
et
t

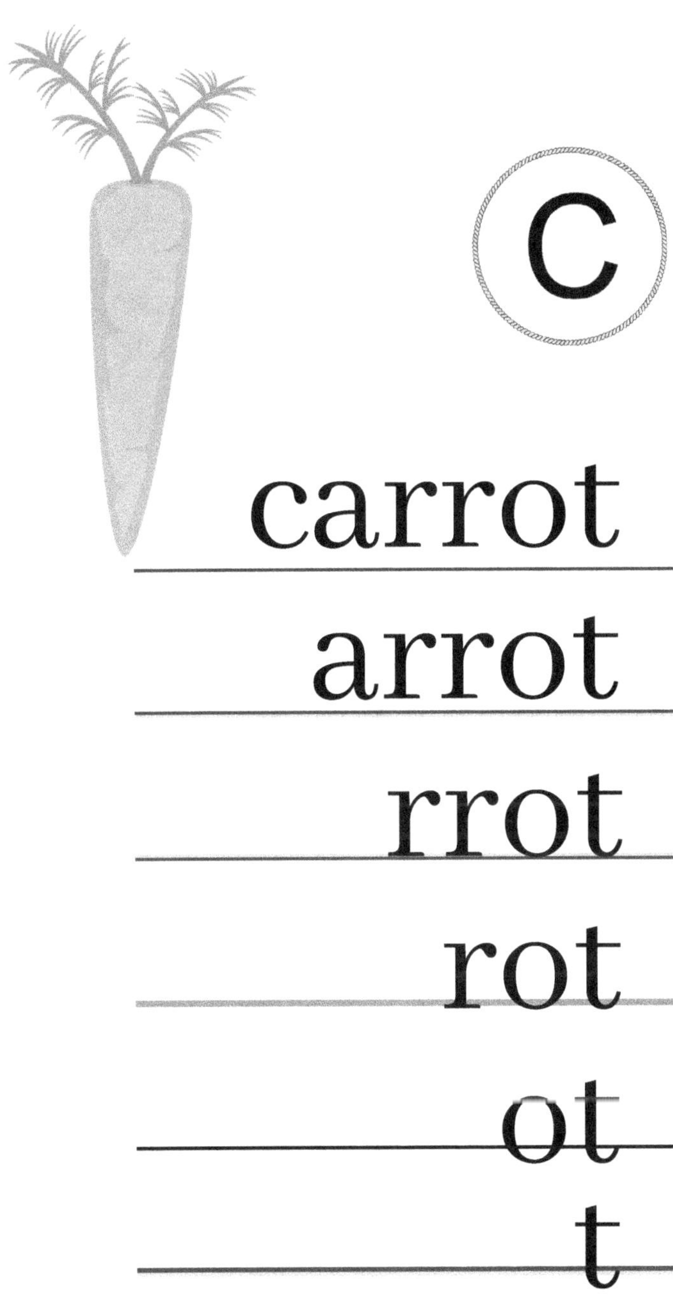
c
carrot
arrot
rrot
rot
ot
t

corn

orn

rn

n

onion

nion

ion

on

n

pepper

epper

pper

per

er

r

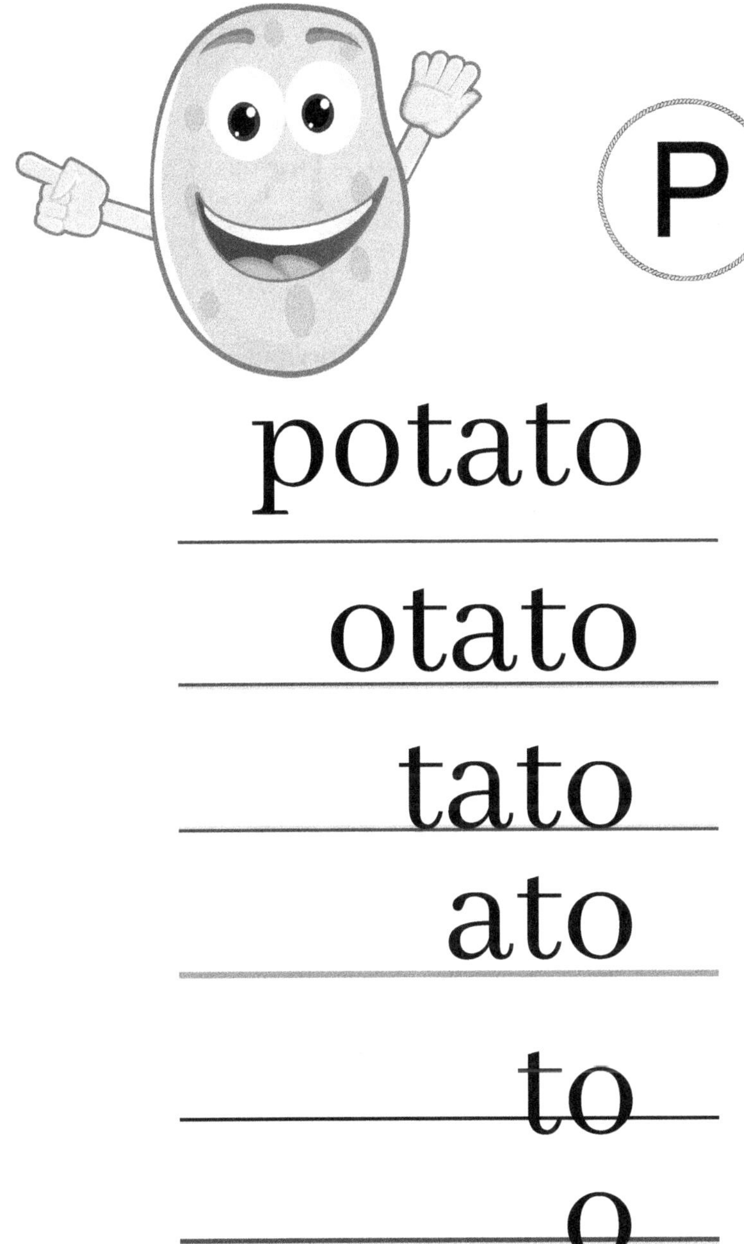

potato

otato

tato

ato

to

o

R

Radish

adish

dish

ish

sh

h

T

Turnip

urnip

rnip

nip

ip

p

z

zero

ero

ro

o

one

ne

e

two

wo

o

three

hree

ree

ee

e

four

our

ur

r

five

ive

ve

e

six

ix

x

seven

even

ven

en

n

E

eight

ight

ght

ht

t

N

nine

ine

ne

e

ten

en

n

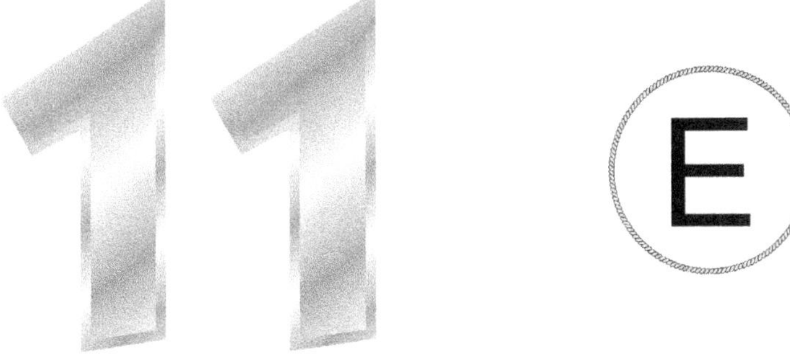

Eleven

leven

even

ven

en

n

twenty

wenty

enty

nty

ty

y

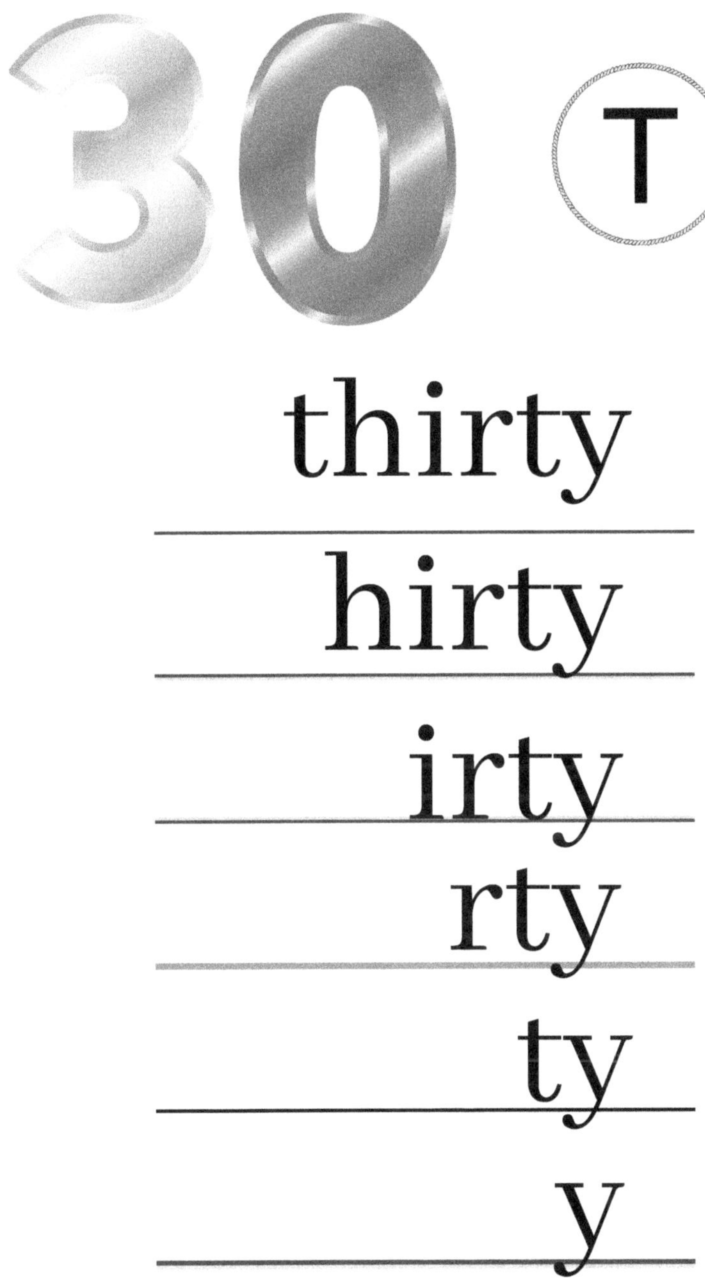
30
T
thirty
hirty
irty
rty
ty
y

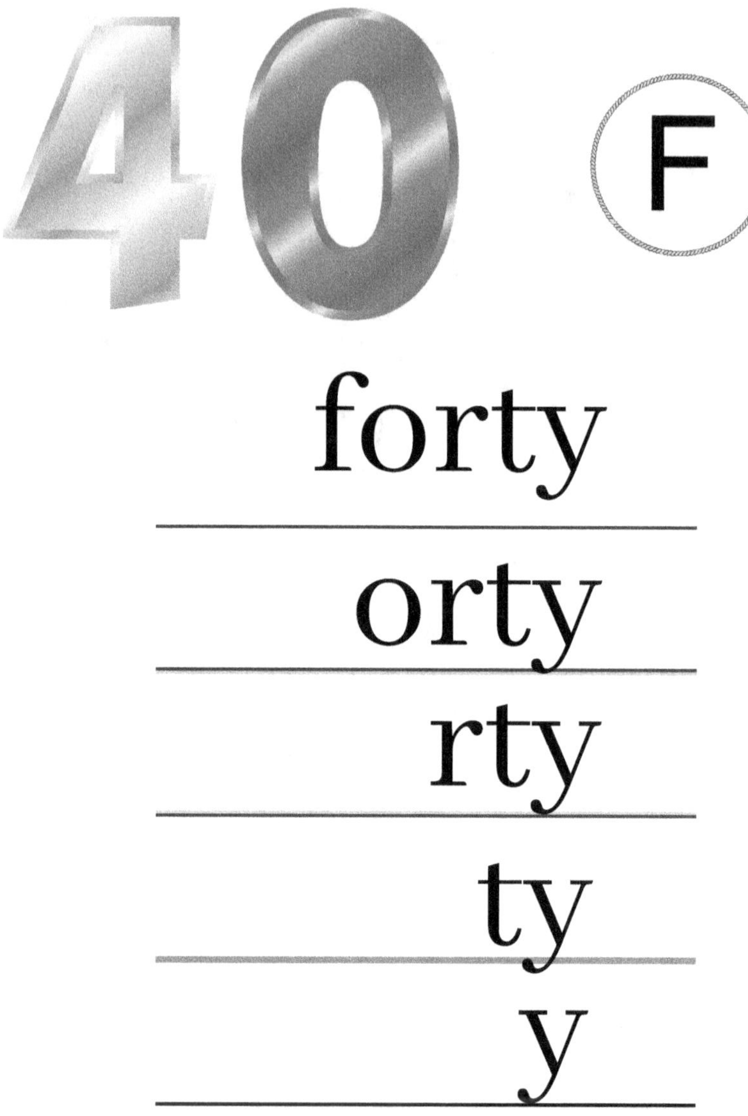
40
F
forty
orty
rty
ty
y

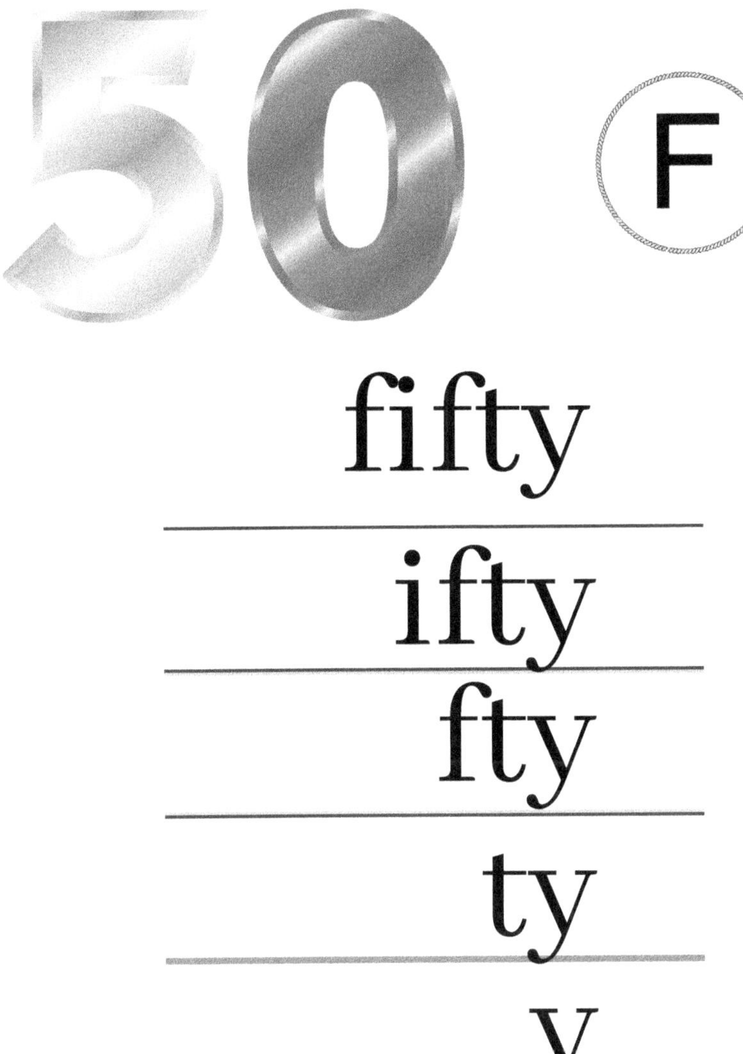
50
F
fifty
ifty
fty
ty
y

sixty

ixty

xty

ty

y

70 S

seventy

eventy

venty

enty

nty

ty

y

Eighty

ighty

ghty

hty

ty

y

Ninety

inety

nety

ety

ty

y

bear

ear

ar

r

B

bird

ird

rd

d

cat

at

t

Dog

og

g

G

Giraffe

iraffe

raffe

affe

ffe

fe

e

fish

ish

sh

h

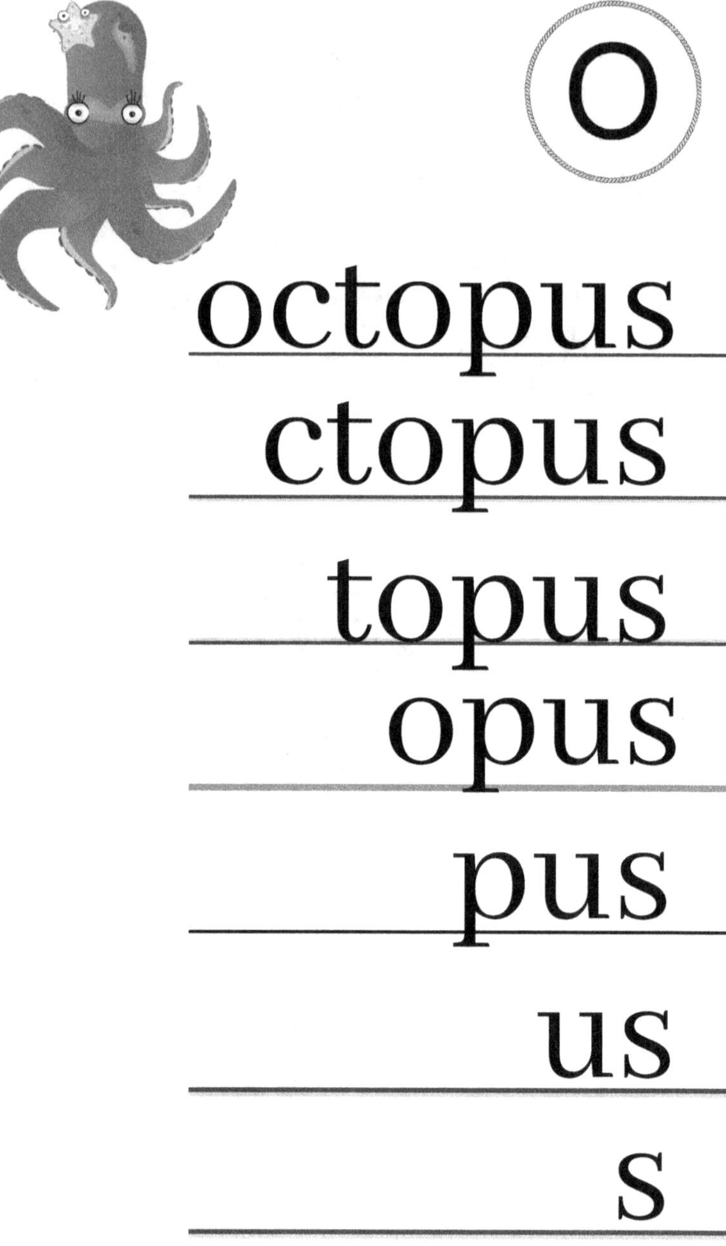
O
octopus
ctopus
topus
opus
pus
us
s

sheep

heep

eep

ep

p

Turtle

urtle

rtle

tle

le

e

U

unicorn

nicorn

icorn

orn

rn

n

zebra

ebra

bra

ra

a

Lion

ion

on

n

F

Fox

ox

x

M

Monkey

onkey

nkey

key

ey

y

Horse

orse

rse

se

e

www.ingramcontent.com/pod-product-compliance
Lightning Source LLC
Chambersburg PA
CBHW070224180726
47999CB00017B/2164
9798648617193